JN438291

諷詩調詩集 · 50

풍諷계戒집集 · 17

박진환 제68시집

지성 · 감성의 메타언어
조선문학시인선 · 386

諷詩調詩集 · 50

풍諷계戒집集 · 17

조선문학사

■ 책머리에

풍시조(諷詩調)는 형이상시법을 중시하는 시법의 미학이다.

2014년 初夏

박 진 환

박진환 제68시집 / 諷詩調詩集 · 50

풍諷계戒집集 · 17

차례

다섯 개의 의문부

책임 묻겠다에서 무한책임이면 전진이냐? 후퇴냐?
힘으론 후퇴고 덕으로는 전진이니 음회세위인가? 이두창지인가?
이도저도 아니면 지지율 하락에 발목 잡혀 꿇린 무릎인가?

※ 음회세위(飮灰洗胃) : 재를 마시고 위를 씻어낸다 함이니 마음을 고쳐 선으로 돌아간다는 뜻.

※ 이두창지(以頭搶地) : 머리를 땅에 대고 비빈다 함이니 엎드려 잘못을 뉘우쳐 용서를 빔.

물신시대인데

이기에는 감긴 눈도 뜨고, 이타에는 뜬 눈도 감는 세태
어찌 세태를 탓하랴, 이타란 말 방언된지 이미 오래인데
그보다는 독선기신이 신앙이 되어버린 물신시대인데

※ 독선기신(獨善其身) : 남이야 어찌되든 자기만 잘되면 그만이라는 뜻.

그걸 따라한 모양

박근혜 정부 지지도 72%에서 52%면 하강 아닌 추락차원
지지란 게 오르면 내리기도 하고, 내리면 오르기도 하는 법
그동안 낙하산 인사로 낙법만 보여줬으니 그걸 따라한 모양

꼼수여서

政治를 正으로 보았던 것은 공자적 일이고, 현대는 기술이다
기술도 선대장이는 흉내할 수 없는 장석운근의 입신지경
헌데 귀신도 곡할 놈의 기술이 속임수와 꼼수여서

※ 장석운근(匠石運斤) : 장석은 옛날의 유명한 조각가로서 그가 자귀를 움직여 물건을 새긴다는 뜻으로 기술이 귀신같다는 장자(莊子)의 말.

우리들 모습인 것을

비웃지 말거라, 심장이 없는 저 허수아비를, 심장이 있었다면
들녘 거두어 진작에 도망쳤지 외발로 서 있겠냐
외발로 벌 서 있는 심장이 없는 허수아비가 우리들 모습인 것을

피 토하는 함성이냐?

빼꾹, 뻑꾹, 빼빼꾹, 목마른 딸국질이냐?

썩은 정치 잘못 쪼아 먹고 토해내는 토악질이냐?

아니면, 폭군폭군 지배계층에 던지는 피 토하는 함성이냐?

바다

파다(波多)

파타(波打), 파하(波河)

파자 돌림 삼형제의 파도타기 놀음

다르지 않은 것을

가지마다 이파리마다 파도가 되어 산을 싣고 가는 바다
싣고 가다 수해의 깊이에 던져져 외로운 섬이 되어버린 산
산과 바다의 둔갑, 세상도 삶도 다르지 않은 것을

이러한 것을

그중 높은 곳에 올라가야 그중 낮은 것의 길이를 잴 수 있듯
그중 낮은 곳에 내려서야 그중 높은 것의 높이를 잴 수 있다
산과 강의 척도법이 이러하듯 인간의 높낮이 또한 이러한 것을

그러한 것을

고달픈 하루에 지쳐 끝내 쏟아버린 코피
어찌 노을뿐이겠느냐
삿대 하나로 고해를 저어가는 우리네 고달픈 삶도 그러한 것을

비

그냥 못 본 체 지나갈 일이지 웬 주먹질이냐
우산으론 받을 수 없는 우수가 이 시대의 가슴인 것을
젖어보지 않고 어찌 마른 날의 귀함을 알기나 하겠느냐

에덴인 것을

온통 땡볕에 점령당해버린 한발지대
한발 저쪽에 서 있는 외로운 나무 한 그루
한 그루 나무가 거느린 그늘이 이 시대의 에덴인 것을

이 시대의 그믐달

달 달 무슨 달, 쟁반같이 둥근 달
태평성대의 오늘만 같아라 한가윈줄 아나?
달 달 무슨 달 깨진 쪽박신세 못 면한 그믐달이 이 시대의 달인 걸

매미

강철음 쇠톱날이 종일 잘라내는 가지, 잘라낼수록 살쪄가는 그늘
고달픈 하루가 흘린 땀방울
이슬로 잘못 알고 맛본 찌린내에 도리질치는 맴맴 맴맴

선거

선거가 민주주의의 꽃이라고? 꽃같은 소리 하고 있네
선거의 꽃은 투표, 투표는 실탄보다 무서운 것, 실탄은
비단장갑으론 못 쏴, 가죽장갑만이 쏠 수 있는 피로 피운 꽃이지

때문이다

대로에선 건널목마다 정지를 강요당하기 일쑤다
소로에선 건널목도 강요되는 정지도 없다, 야망도 매한가지
크면 클수록 온갖 제약이, 작으면 작을수록 구애됨이 없기 때문이다

그게 병신이지

눈은 짝눈에 난시, 코는 알레르기 비염, 귀는 얇아 헛듣기
벙어리 못 면한 입에, 핏대 올리기 좋아하는 고혈압, 거기에
비위는 뒤틀려 구토증, 허긴 병든 시대에 성하면 그게 병신이지

0점 면해야 할 텐데

세월호 구조 0명을 국격 0점으로 제로화 하던데
영국인이 즐겨 쓴 제로는 인생의 출발점이란 말 실감나
0에서 출항할 코리아호 선장의 항해능력은 0점 면해야 할 텐데

닫아버린 귀인데

말로는 표현 할 수 없어 차라리 입 봉해버린 침묵
침묵은 함성보다 더 소리 높은 묵언, 헌데 들을 수 있을까?
침묵 · 소통부재 · 불통으로 울타리 쳐 닫아버린 귀인데

세상이 될 밖에

마피아 · 관피아의 피아는 그와 나의 관계, 칠자불화라고나 할까
일종의 분업관계니 시쳇말론 나누어 해먹자는 뜻이지
허니 마피아 · 관피아 세상이 될밖에

※ 칠자불화(漆者不畵) : 칠장이는 칠만 할 뿐 그림을 그리지는 않는다
함이니 분업을 뜻한 말.

남과 거둘 수도 있어서

박심 박심 요즘 박심이 화두던데
박 심은데 박나고 콩 심은데 콩난다는 상식
정치경작에선 박 심은데 박 아닌 남과 거둘 수도 있어서

※ 남과(南瓜) : 호박의 이칭.

반대편이어서

박대통령 8일간에 4차례 사과면 이틀에 한 번꼴 침묵아니데
헌데 사과가 불통 해소해 소통으로 이어졌으면 좋으련만
소통이란 게 대통의 반대편이어서

탄핵감

"열린우리당을 압도적으로 지지해줄 것을 기대한다"는 말
노전 대통령 국회 탄핵감 발언이었다면 "박대통령이
서울시장 출마 권유한 걸로 알고 있다"도 사실이면 이 또한 탄핵감

돌머리 돼서

정권마다 '젊은 피 수혈'로 혈통 아닌 당 이미지 쇄신 희망

헌데 돌에서 피를 짜낼 수는 없는 일

정치인들 정치 술수에 마취되면 돌머리 돼서

두 번 죽임 아니던가

세월호 수색현장, 생존은 없고 건져 올리느니 죽음뿐
남의 의지에 의해 죽는 것을 두 번 죽음이라 하던가
세월호 참사 인재였으니 두 번 죽음 아닌 두 번 죽임 아니던가

조타기 삼았으면

제마다 고해에 배를 띄워 저어가고 있다

어떤이는 화물선에 욕망을 싣고가고, 어떤이는 호화유람선으로 선유하고

또 어떤이는 삿대도 없이 각자도강, 세월호로 조타기 삼았으면

쪽박 될 수도 있어서

종박 종박 해쌌던데 종북 아니면 무슨 상관
헌데 우리 속담에 말이 씨 된다는 말 있지, 해서 말인데
너무 힘주어 종박 종박 해쌌다 된발음 쪽박 될 수도 있어서

피 보기 마련이어서

친박 친박 해쌌던데 종박과 같은 혈통 아니던가
헌데 친박·종박 혈통 따지다 적통·서통 집안싸움 생길 수도
싸움도 싸움 나름이지만 정치혈통 싸움에선 피 보기 마련이어서

파고 일으킬 수도

조문객 150만이면 틀림없는 추모의 물결
물결이란 게 격랑·노도로도 일어서 분노로 바뀔 수도
바뀌면 쓰나미로 역류, 투표장 민심으로 파고 일으킬 수도

헌데 세치 혀란 게

죽은 자는 말이 없는 법, 살아도 말 못하면 죽은 목숨
허니 말이 곧 생명, 말 못하면 숨 쉬어도 죽은 목숨 아니던가
헌데 세치 혀란 게 목숨 뺏는 비수도 되고, 살리는 도규도 돼서

우리들 모습인 것을

국력 · 권력 · 금력 · 체력 · 동력, 힘이 지배하는 시대
지혜 · 슬기 · 양심 · 도덕도 힘은 힘인데 력자 돌림 아니어서
돌림이 아니면 열외, 열외의 표정 그것이 우리들 모습인 것을

부정의 눈금이 되거든

부정의 강도, '3류 국가'에서 '정부부재', '이것도 나라인가', 뿐이면 좋게
평가 0까지, 무에서 유를 창조한다 했던가, 한강의 기적이라 했던가
말짱 허사, 제로에서 시작하는 가산 숫자가 부정의 눈금이 되거든

먹잇감이 넘쳐서

부정에 부정을 더할수록 긍정은 살이 찐다

부정을 포식하며 사는 것이 긍정의 법칙이기 때문이다

헌데 어쩐다, 포식하다 배 터져 죽으면, 도처에 먹잇감이 넘쳐서

조어만도 못해서

박근혜 정부 출발 주어 '창조경제'
2년도 못가 방언되고 지금은 '친박', '종박'이 주어
주어란 게 줏대 없이 내걸리면 조어만도 못해서

믿겠는가

세월호 실종자 숫자 7번째 바뀌어
숫자 감각, 파악능력 이 정도면 숫자 불감증, 허니 어쪄
정부통계며 허수 마다않는 정치 숫자놀음인 %란걸 믿겠는가

바라겠는가

여론조사 결과 국민 40%가 통일비용부담 의향없음
통일의 중요성마저도 20대 28.5% 60대이상 50%에도 못미치는 47%대
허니 어찌 드레스덴 청사진이며 거동궤선동문인들 바라겠는가

※ 거동궤선동문(車同軌善同文) : 수레의 넓이를 같이하고 글은 같은 문자를 쓴다 함이니 천하가 통일되어 한나라가 된다는 뜻.

주부들 없어서

40대 주부 관심 무당파로 돌아서자 충격상쇄용 카드로
채동욱 혼외자 들고 나왔는데 글쎄, 돌린 발걸음 되돌릴 수 있을까
이젠 콩으로 메주를 쑨다 해도 귀 기울이는 주부들 없어서

새겨져 있어

여론조사 돈 들여 할 것 뭐 있나, 안산 합동분향소에 가면
프로테이지 없이도 지지율, 하락율 동시에 읽을 수 있는데
"다음생에는 다른나라에서 만나요", "꼴도 보기싫다"에 % 새겨져있거든

자명해서

한국 국민 정부신뢰도 10인 중 2인 꼴이란 OECD 통계
세월호 참사 이후 통계라면 그나마 다행, 이전 통계였다면
오늘의 민심이반 10%대도 못될게 불 보듯 뻔해서

판국에

라면에 계란 넣었으면 어떻고 생라면으로 먹었으면 어떻나
문제는 라면이라도 먹어야 했던 시장기가 죄지
그것도 참사유족들은 물도 넘기지 못해 분노만 토해내던 판국에

멋 맛의 빛깔이 필요할 듯

TV 여 아나들의 옷빛깔이 赤에서 풀려 자유스러워졌다
보기에 따라서 예뻤지만 획일적인 미에 식상도 했다
식상한 시각과 미각 충족시키기 위해선 멋 맛의 빛깔이 필요할 듯

많을 듯

학부모 · 대학생 · 변호사 · 만민공동회 · 안산고교생들의 외침
'함께 분노', '대통령 책임', '울분', '명백한 진상규명'
외침마다 토해내는 피에 피 뒤집어쓸 사람 많을 듯

크도 되지

안피아 · 해피아 · 금피아 · 국피아까지 세상이 온통 관피아 차지
피아가 너 죽고 나 살자가 아닌 꿩 먹고 알 먹고의 그와 나 아니던가
그뿐인가, 감탄조의 그도 돼 평안주 삼아 한잔하면 크도 되지

독한 뿌리 내려서

높은 탁견 지닌 분들 국가개조론 두고 하는 말
제도 고쳐서 될 일 아니라며 나만 살려고 하는 마음부터 바꾸라고
헌데 고쳐서 써먹기엔 너 죽고 나 살자가 워낙 독한 뿌리 내려서

이제 알겠네

KBS의 기자들 어쩌다 기자와 쓰레기 합성어 기레기 신세됐나
팽목항에선 KBS 로고 새긴 잠바 입는 것조차 두렵다고 했던데
KBS 여 아나들 집권당 상징인 붉은옷 벗은 이유 이제 알겠네

까마귀나 빼꾸기라도 돼야

세월호 참사 보도 언론의 태도 두고 높은 비판의 소리와 함께
'앵무새처럼 정부의 말만 전한다'는 KBS 기자들의 자성의 소리
기레기 소리 면하려면 앵무새 아닌 까마귀나 빼꾸기라도 돼야

못 버리는 것을

왕도를 지칭했던 옛분들의 왕자무친이란 말 아무래도 허사같다
낙하산으로 양산한 관피아, 왕자유친의 산물이 아니던가
옛 정치혈통 못 버리면 왕자유친도 못 버리는 것을

※ 왕자무친(王者無親) : 임금이라도 국법 앞에서는 사사로운 정으로 일을 처리하지 못한다는 말.

※ 왕자유친(王者有親) : 왕자무친과 반대의 뜻을 지닌 일종의 조어.

침묵을 깰지

'국가개조론에 앞서 대통령 자신의 태도 개조' 운운
누구나 할 수 있으면서 누구나 할 수 없는 말이던데
겸천하지구에 맞서 한 '운운'이 나랏님 전매특허품 침묵을 깰지

※ 겸천하지구(鉗天下之口) : 세상 사람들의 입을 막아 말을 못하게 함.

참 깨우침 아니던가

세월호의 비극 속에서 참 깨우침 작지만 큰 자각
'정부의 말만 전하는 앵무새' 반성하는 KBS 기자들
자과부지의 자아상실시대에 자각이라니 참 깨우침 아니던가

※ 자과부지(自過不知) : 흔히 세상 사람들은 자기의 과실을 스스로 깨닫지 못하는 법이란 말.

주인을 안다 했던데

청와대 출입기자 간사단 '계란라면' 보도 했다고 출입금지

비록 오프 더 레코드를 요청했다고 해도 언론자유 침해

진돗개정신을 발휘했나, 개도 닷새가 되면 주인을 안다 했던데

한통속

MH, NLL 포기 발언 했다에서 안했다로 선회, 이유인즉
행오발천 때문이었다는데, 위치 달라질 때마다 말 바꾸면
요즘 정부가 보여준 왔다갔다, 오락가락, 갈팡질팡과 한통속

※ 행오발천(行伍發薦) : 병졸의 지위에서 장군의 지위로 승진함을 이르는 말.

公·功 합쳐야 열려서

세월호 참사로 대통령 책임론에 묶여 찾지 못한 출구
채동욱·무인기·세월호 책임 들고 나와 국면전환 시도, 헌데
출구란게 축구완 달라 공으로 여는게 아니고 公·功 합쳐야 열려서

※ 공(公)과 공(功) : 여러 사람을 위하거나 공을 들여 정성껏 일했을 때 이루는 공로나 공력.

죽은 목숨 못 면할 판

OECD 국가중 교통사고 최고에 보행중 사망률도 최고인 한국
차 없으니 교통사고 또한 없겠다 싶었는데 웬걸, 안그래도
헛발질 심해 조심스러웠는데 삐딱했다간 죽은 목숨 못 면할 판

창조역행 아니던가

창조경제 원리 창조정치완 다른 모양, 비판의 소리 왈 검찰시녀화
언론무력화에 교주적 통치라며 국개론을 '무책임한 얘기'
국정원 쇄신을 '사탕발림'이라니 맞는 말이라면 창조역행 아니던가

무효가 됐으면

칼은 칼로, 불은 불로, 극언은 극언으로 갚는 건지
대통령 진돗개 정신에 국민들만 물려 죽는다고
듣기 좋은 말은 무료라던데 무료보다는 무효가 됐으면

짖고 가데

구겨진 얼굴 있어 이마에 내 川 자를 써놓고
보기 싫어 지워버리듯 한 一 자로 획을 그어 다리 놓았더니
어렵쇼, 어찌 알고 개가 먼저 건너가며 왕왕왕 짖고 가데

잘 먹힐까

정부, 경기위축 풀어주기 위해 8조원 당겨쓰기로 했다던데
채동욱, 무인기 카드로는 안 먹히자 이번엔 돈뭉치 내밀어
마피아·관피아보다 더 노골적인 돈피아 잘 먹힐까

거꾸로겠지

MH, NLL 포기했다 선거전략으로 끌어들여 여 대선승리
헌데 6·4 지방선거 앞두고 NLL 포기한적 없다니 판 어찌 될까?
정치인들 전매특허품 말 바꾸기 닮아 대선판관 거꾸로겠지

어찌 읽기나 했겠나

무사안일 · 직무유기 · 면피행정 · 무능 · 부패 · 비리 · 관피아 등
공무원들의 얼굴 · 가슴 · 마빡 등 온몸에 박힌 질타의 화살들
허긴, 근무에도 태만인주제에 맹자의덕목 사비위빈 어찌 읽기나 했겠나

※ 사비위빈(仕非爲貧) : 관리는 집이 가난해도 녹을 타먹기 위해 일함이 아니라는 뜻으로, 관리의 도리는 덕을 천하에 시행함에 있다는 맹자의 말.

우자들만 있어서

세월호 참사 선장 탓, 해경 탓, 청해진해운 탓으로 몰고 가던데
탓이란 게 초윤이우와 같은 이치, 현자들은 원인을 토론하고
우자들은 결과를 속단한다던데 현자들은 없고 우자들만 있어서

※ 초윤이우(礎潤而雨) : 주춧돌이 축축해지면 비가 온다 함이니 원인이 있어야 결과가 있음을 이르는 말.

쪽박물만도 못해서

소통이냐? 불통이냐? 정답은 전자인데 정치는 그 반대
정답 소통관 달리 정답의 반대인 불통이 판을 치고 있기 때문
헌데 고옥건령도 권불십년이어서 판 깨지면 쪽박물만도 못해서

※ 고옥건령(高屋建瓴) : 높은 지붕에 물독을 올려놓고 그것을 기울임과 같이 세력의 성함을 이름.

입맛 바꾼지 이미 오랜데

어느 기자의 칼럼에 새누리당을 곰탕집, 새정련을 분식집으로 설정
텁텁한 맛을 늙은이, 자극적인 맛을 젊은이 입맛으로 비유했던데
텁텁하면 뭘하고, 자극적이면 뭘하나, 무당판 입맛 바꾼지 이미 오랜데

쓰거든

삶에 얻어맞으면 주름지고, 고통에 얻어맞으면 찌그러지고
국민에게 얻어맞으면? 코피를 쏟지
달지유혈 맛봐 봐, 달지 않고 쓰거든

※ 달지유혈(撻之流血) : 매로 때려 피가 흐름을 이름.

미처 몰랐네

KBS 보도국장 사퇴의 변 "윤창중 톱뉴스 올리지 말라 했다"
누가? 길환영 KBS 사장이, 그건 그렇다치고, 미처 몰랐네
윤창중, 지금도 윤창 · 중창 윤창중인줄 미처 몰랐네

훤히 보여서

모든 일에는 원인이 있어야 결과 또한 있는 법
어찌 세월호 참사라고 다르랴, 석상불생오곡인 것을
헌데, 결과로만 몰고 가려는 속셈, 어리석은 눈에도 훤히 보여서

※ 석상불생오곡(石上不生五穀) : 돌 위에는 곡물이 나지 않는다는 뜻으로
무슨 일이든지 반드시 원인이 있어야 결과가 있다는 말.

늘어난다던데

국가개조론까지 들고 나온 정부, 헌데 문제는 개조보다
있는 법 잘만 지킨다면 굳이 개조까지 필요할까?
나라가 부패하면 할수록 이에 비례, 법률이 늘어난다※ 던데

※ 로마의 역사학자였던 D. S. 타기투스가 한 말.

안전은커녕 보장이 안 되거든

6·4 지방선거 맞아 여·야 공약주어 복지에서 안전으로 급선회
허긴 누울 자리 보고 다리 뻗는 고침이와면 복지 저리가라지
헌데 정치구호란게 믿거나 말거나여서 안전은커녕 보장이 안 되거든

※ 고침이와(高枕而臥) : 마음을 편히 하고 잠잘 수 있다는 말.

앵무새도 면해야지

KBS 기자들 '부끄럽다, 반성하자' 구호 나올만
쓰레기 기자라는 기레기란 말 부끄럼으로 끝나선 안 되지
이두창지와 함께 정부의 말만 따라하는 앵무새도 면해야지

※ 이두창지(以頭搶地) : 머리를 땅에 대고 비빈다 함이니 엎드려 사정을 호소하거나 잘못을 뉘우쳐 용서를 빌 때 이르는 말.

누가 군자이고 소인인지

큰 말씀은 말을 잃고, 군자는 말이 적고, 소인은 말이 많다던데
솔구이발에 어불성설까지 말 많은 공직자들 역겨운 말에
귀닫고 입막아 유구무언인 국민, 답 나왔네 누가 군자이고 소인인지

기레기가 그러하거든

'治盜는 못하고 治鬼는 잘한다'는 경찰을 두고 한 말
지금은 귀신잡는 해병있어 옛말, 행여 무당파 잘못알라, 그러다
새신만명이면 경레기말 들을 수도, KBS 기자들 기레기가 그러하거든

※ 새신만명(賽神萬明) : 굿이나 푸닥거리를 하는 무당을 이름.

죽음의 씨앗

총칼 · 대포 · 미사일 · 핵도 무기지만 더 무서운 무기도 있다지
돈 놓고 돈 먹는, 피 흘리지 않고도 흡혈 만점인 자본
순교자의 피는 교회의 씨앗, 자본에 먹힌 피는 죽음의 씨앗이거든

죽음이 아니던가

너 죽고 나 살자가 생철학이 되어버린 비정의 이기주의 시대에
나를 던져 남을 구한 귀한 의사가 있다니
죽음으로써 삶을 건져 올린 위대한 죽음이 아니던가

말일 줄이야

홀로는 독점적으로 쓰일 수 없는 말 '레기', 그 앞에 '쓰' 붙이면 쓰레기
기붙이면 기레기, 국붙이면 국레기, 공붙이면 공레기, 검붙이면 검레기
경붙이면 경레기, 레기란 말이 이렇게 좋은 말일 줄이야

황달기가 창궐했나 보다

노란색 옷, 모자 · 리본, 입고 쓰고 달고 다니던데
노란 리본만 봐도 경기하는 경찰
아무래도 민주경찰에 황달기가 창궐했나 보다

동의보감에도 없으니

세월호 유족들은 외상후 스트레스 장애
집권당은 촛불 트라우마, 경찰은 노란 리본만 봐도 경기,
이 발병지대의 아픔 치유할 처방전은 동의보감에도 없으니

3 거든

비정상의 정상화, 말만으론 안돼, 비정상이 판치는 세상이거든
상식도 그래, 상식 통하면 법보다 정상인데 매사 비상식적이거든
그뿐인가, 이성도 매한가지, 이성을 잃고 사는 비이성시대거든

눈 뜨고 아웅이지

'검사의 청와대 파견금지' 명문화 사문화 돼
'검사 사표 후 청와대 행, 청와대에서 다시 검찰복귀 연결고리 두고
'눈 가리고 아웅'이라던데, 아니지, '눈 뜨고 아웅이지'

검찰 말 듣겠나

유병언 회장 일가는 물론 측근까지 불러들이는 소환조사에
불응 두고 조직적 수사방해라고 하던데
세인들 하는 말 "교주의 말씀이 하느님 말씀인데 검찰 말 듣겠나"

고사인가? 소인밴가?

세월호 선장이 보여준 너 죽고 나 살자 식 도피는 소인배 짓이고
백성은 이득 있는 곳에 모이고 선비는 명분 있는 곳에 죽는다던데
선비 자청했던 검찰의 선장님은 고사인가? 소인밴가?

※ 고사(高士) : 인격이 높고 깨끗한 선비를 이름.

물고기 신세인데

생명보다 이익을 앞세우는 이기주의의 대명사 신자유주의
탓하지 말 것이 누가 과연 이타정신의 소유자라 말할 수 있을까
세상이 온통 신자유주의 투망에 걸려 퍼덕이는 물고기 신세인데

양심으로 심판하는

무당개구리, 무당거미, 무당게, 무당골뱅이, 무당벌레
무당의 옷무늬・빛깔에 연유할 듯싶은데, 요즘엔 무당파도 있데
빛깔이나 무늬로 말하는 무당같은 정치불신, 양심으로 심판하는

최하 · 최고

노인 빈곤율 OECD 국가 중 코리아가 최고위
최하위는 없나?
있지요, 있고말고요 노인행복지수

토막 났고

한강의 기적처럼 기적을 바랐던 진도 앞바다에선
기적 대신 통곡과 분노와 허무와 불신만 노도로 일었어
썩은 새끼줄로 범잡기※도 끝내 끊어진 새끼줄로 토막 났고

※ 우리 속담으로 어수룩한 계책과 보잘 것 없는 재주로 뜻밖에 큰일을 함을 뜻함.

돈의 노예거든

민주주의 기본은 인명중시라던데 한국은 신자유주의거든
사르트르 왈 인간은 자유 그 자체라고 했던가
틀렸어, 신자유주의로는 자유 아닌 돈의 노예거든

G1 이거든

OECD 국가중 산재사망자 코리아가 1위
하루에 5.2명꼴로 목숨을 잃는다니
자살율 1위에 산재사망도 1위면 G2 안부러워, G1 이거든

갈공 · 공갈

'없어져야 할 나라', '지킬 가치 없는 나라' 등 북 때리기
이쯤이면 회초리 아닌 몽둥이질, 아프것다
헌데 북녘도 갈공막대* 휘두르며 핵 공갈 앞세워서

※ 갈공막대[楬老者所持] : 훈몽자회에 나오는 말로 늙은이의 지팡이란 뜻.

매한가지

진도 앞바다에선 산자 다 놓치고 죽음만 건져 올리고
금수원에선 잡으러 갔던 사람 다 놓치고 빈손으로 돌아오고
둘 다 적수공권이니 白手 신세 못 면하긴 매한가지

※ 적수공권(赤手空拳) : 맨손주먹이란 뜻으로 아무것도 쥔 것이 없다는 말.

강안이라니

세월호 참사 지켜보며 국민 대다수 실망과 분노의 목소리 높여
달콤한 목소리에만 길들여진 사람들, 높은 목소리에 맞서 뱉은 말
'정치세력의 선동과 악용'이라고? 부끄러워 할 줄 모르는 강안이라니

※ 강안(强顔) : 두꺼운 낯가죽이란 뜻으로 염치없음을 이르는 말.

정중와 되겠지

책보다는 견문, 지위보다는 경험이 제일의 교육자라던데
견문도 경험도 못하게 학생들 학교에만 가둬두려는 교육부
갇히면 뭐가 될까? 뭐가 되긴, 정중와 되겠지

※ 정중와(井中蛙) : 우물 안 개구리란 뜻으로 견식이 좁음에 비유한 말.

불통일 밖에

불통 불통 해쌌더니 이유가 말을 알아듣지 못했음이었네
귓구멍에 마늘쪽 박는 것보다야 귓문이 넓었으면 좋았을 걸
두 귀 가지고도 들어야 할 衆口의 말 듣지 못했으니 불통일 밖에

※ 귓구멍에 마늘쪽 박는다 : 말을 못 알아듣는 이에게 한 말로 한국 속담.

※ 귓문이 넓다 : 남의 말을 잘 듣는다는 우리 속담.

단 높이 달리해서

구원파가 종교 2단이면 1단은?

글쎄, 천주교 · 기독교 · 불교?

단이란게 壇 위에 선 분에 따라 段 높이 달리해서

말해줌인 것을

물질적 가치에 밀려 생명외경 경시되는 물신시대 코리아
민주주의 뒤로 하고 앞세우는 신자유주의가 이를 대변
OECD국 중 자살률 최고가 이를 말해줌인 것을

공영 명예 회복할 듯

KBS 기자 명명 기레기란 말 이유있었네
'종박방송', '청영방송'이었으니 어찌 기레기 아니었겠나
헌데 기자들 자과부지 깨닫고 이두창지하니 공영 명예 회복할 듯

※ 자과부지(自過不知) : 스스로의 과실을 깨닫지 못하는 법이란 뜻.

※ 이두창지(以頭搶地) : 머리를 땅에 박고 잘못을 뉘우치며 용서를 빎을 이르는 말.

고고자허

박근혜 대통령을 평가하면서 이미지 정치에 능하다 했던데
그 이미지란 게 웃고, 굳고, 화내고, 숨는 여러 표정 말고도
표정으로 드러내지 않는 이미지도 있지, 고고자허

※ 고고자허(孤高自許) : 자기만이 고결하다고 자부함을 이르는 말.

개조해야

국가개조론 알 수 없지만 '이것도 나라인가'의 인식부터 개조해야
'이 나라를 떠나고 싶다'를 떠나지 않게 개조해야
시간이야말로 최대의 개혁이라던데, 서두름의 조급증부터 개조해야

관심다운 관심 같아서

아침 일기예보, 비 · 바람 · 눈, 깐건 관심 없고 '미세먼지' 유무가 관심

6 · 4 지방선거 관전 포인트, 여 · 야는 상식, 녹색당에 관심

개발 · 성장 · 경쟁보다 생태 · 생명 · 평화 · 안전이 관심다운 관심 같아서

요새는 아닐지

'쳐부술 원수', '암덩어리', '진돗개정신', '사생결단' 등
격음차원의 대통령의 신주어들, 공격은
요새를 쌓기 때문에 당한다던데 혹여 주어들 요새는 아닐지

표 나오거든

마키아벨리즘에 항시 전쟁을 준비하라가 들어있지
그래야 국민들이 똘똘 뭉쳐 결속될 터이니까
'북한은 없어져야할 나라'가 노린 충격요법, 똘똘 뭉쳐야 표 나오거든

낚시에 걸렸거든

가라앉아 비통한 세월호, 갈앉아 위기면한 국정원
헌데 가라앉은 국정원 세월호보다 먼저 떠오르겠데
야당의 거짓말이란 낚시에 걸렸거든

청피가 곧 창피인 것을

가라앉은 세월호가 침몰한 언론을 떠오르게 하고 있다
물밑 잠수로 은폐 돼오던 공영방송 흐린 배경이 떠올랐거든
관피아 탓했더니 KBS도 청피아였었어, 청피가 곧 창피인 것을

•

박진환 시인은 전남 해남 출신으로 동국대 국문학과를 거쳐 중앙대 대학원을 졸업(문학박사)했다. 1960년 동아일보 신춘문예(詩)·1963년 自由文學(문학평론)으로 문단에 데뷔했고, 국제PEN한국본부 사무국장 및 이사, 한국문협 고문을 역임했다. 제9회 시문학상, 제3회 비평문학상, 펜문학상, 윤동주문학상 등을 수상했고, 한서대학교 교수 및 예술대학원장을 역임했으며 현재 월간 『조선문학』 발행인 겸 주간으로 있다. 중요 저서로는 시집에 『귀로』, 『사랑법』, 『꽃시집』, 『三行詩抄』 I~XI 『諷詩調』, 『박진환시전집』 I·II·III·IV·V·VI·VII, 『物神時代』 I·II·III·IV·V, 『동굴일지』 I·II·III·IV·V, 『2012년 8월』에서 『2013년 7월』까지, 『풍계집·1』에서 『풍계집·25』까지 76권의 시집이 있고 평론집으로 『한국현대시인론』, 『현대시론』, 『21C시학과 시법』 등 다수와 『한국시의 공간구조연구』, 『21C 시학』, 『시창작론』, 『諷詩調詩學』 외 다수의 역저가 있다.

•

조선문학시인선 386

諷詩調詩集·50

풍諷계戒집集·17

2014년 8월 20일 인쇄
2014년 8월 30일 발행

지은이 / 박진환
발행인 / 박진환
펴낸곳 / 조선문학사
등록번호 / 1-2733
주소 / 120-853 서울 서대문구 통일로 389(홍제동)
전화 / 02-730-2255
팩스 / 02-723-9373

ISBN 978-89-98115-76-0

정가 10,000원